Seven Sacred Stations of the Self &
Seven Flaming Fiats of Light
upon
The Seven Cosmic-Physical Rays

Sept Stations Sacrées du Soi &
Sept Formules Foudroyantes de Lumière
sur
Les Sept Rayons Cosmiques-Physiques

Etbonan Karta

Copyright © 2001 by Etbonan Karta
Revised edition 2002

All rights reserved. No part of this book may be reproduced in any form without permission in writing from the author, except to quote or photocopy specific passages for the purpose of group study.

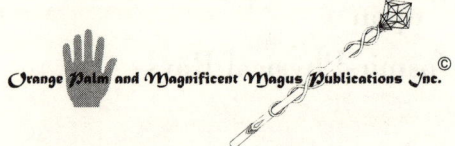

© *Seven Sacred Stations of the Self & Seven Flaming Fiats of Light upon the Seven Cosmic-Physical Rays*
Registration of copyright: second trimester 2001
National Library of Quebec
National Library of Canada

Mailing address: ***Magnificent Magus Publications***©
235 Rene Levesque Boulevard East, Suite 310
Montreal (Quebec) H2X 1N8, Canada
Telephone : (514) 255-0109 ~ Facsimile : (514) 255-0478
E-mail: info@palmpublications.com ~ Web site : http://www.palmpublications.com

ISBN: 0-9687048-4-0

Printed in Canada
Printed and bound in April 2002 by AGMV Marquis, membre du groupe Scabrini

Other Publications by *Magnificent Magus Publications*:

The Divine Concordance of Light: A Handbook from Heaven to Progression Earth by Etbonan Karta

Forthcoming books:

Scriptings of the Soul in Questions of Light by Dadi Darshan Dharma

The Science of Invocation and the Art of Affirmation, invocatory prayers by Sri Adi Dadi; compiled by Etbonan Karta; (to be used as a companion book to *The Divine Concordance of Light*)

Publications by *Orange Palm Publications*:

Paradoxes and Precepts of Dadi by Dadi Darshan Dharma

Paradisal Plums: Peaceful Ponderings from a (Rebel) Pandit's Puce Palm, Aphorisms, Adages, and Analects of Sri Adi Dadi, Vol. 1, 2; compiled and edited by Etbonan Karta

Forthcoming books:

Paradisal Plums: Peaceful Ponderings from a (Rebel) Pandit's Puce Palm, Aphorisms, Adages, and Analects of Sri Adi Dadi, Volumes 3, 4; compiled and edited by Etbonan Karta

Original-Face, Contemporary Koans from the Boffola Belly of Pu'Tai; by Sri Adi Dadi

**Dédié au Soi *transformateur* et guérissant
au sein de tous et chacun.**

Ce livre est un extrait intégral de *The Divine Concordance of Light:
A Handbook from Heaven to Progression Earth* (« Addenda II » et « Addenda III »)
par Etbonan Karta.

Dedicated to the *transformative* and Healing SELF
in each and every being.

This book is an integral excerpt taken from *The Divine Concordance of Light: A Handbook from Heaven to Progression Earth* ("Addenda II" and "Addenda III") by Etbonan Karta.

Trois Progressions de « *Sept Stations Sacrées* » du SOI, et Sept « *Formules Foudroyantes* » de *Déclarations, Proclamations, et Guérisons* de « Lumière » par l'Âme sur chacun des Sept Rayons Cosmiques-Physiques

Three Progressions of « *Seven Sacred Stations* » of the *SELF*,
and Seven « *Flaming Fiats* » of "Light"
(***Declarations, Manifestos, and Healings***) by the Soul
upon Each of the Seven Cosmic-Physical Rays

Avant-propos :

Les simples **« Stations »** contenues dans ce livre servent à aligner correctement et à enraciner doucement (mais fondamentalement), le disciple à son Soi Supérieur.

Au cours du processus, elles le positionnent aussi en *Relation-sacrée* avec les éminentes expressions d'*IRRADIATION DIVINE*, à la fois solaires et électriques, connues en tant que Rayons Cosmiques-Physiques.

À leur tour, les puissantes **« Formules Foudroyantes »** invoquent, dans la vie de l'étudiant à l'écoute, une puissante *Résonance de l'Âme* et activent une descente créatrice, à la fois positive et guérissante, des *énergies qualitatives* des sept Rayons.

En corrélation directe avec la *véritable Inclination* du *sadhaka* sur la Voie, ces **« Stations et Formules »** non obstructives agissent essentiellement comme un catalyseur de Conscience, menant ainsi le chercheur vers cette apothéose individualisée qu'est la Fusion divine de tout ce qui est « *Autre* » avec le Soi.

Conséquemment, nous découvrons, révélée dans cette section, une forme concise et pratique d'*affirmations* sacrées, rappelant au pratiquant à la fois l'Unité élémentaire de tous les êtres et la Divine Confluence de toutes choses.

Foreword:

The simple « *Stations* » contained within this book serve to rightly align and gently, (but rootedly), fix the disciple to his Higher Self.

In the process, they also position him in *Sacred-Relatedness* to the mighty expressions of DIVINE RADIATION, both solar and electrical, which are known as the Cosmic-Physical Rays.

The forceful « *Flaming Fiats* » in their turn, act to invoke into the erstwhile student's life a powerful *Soul-Resonance*; and activate a creative descent of both the positive and healing, *qualitative energies* of the Seven Rays.

In direct proportion to the *sadhaka*'s *Real-Readiness* upon the Path, these unobtrusive « *Stations and Fiats* » act basically, as a Consciousness-catalyzer, thereby leading the seeker on to that high state of Individualized unfoldment known as the Divine Merging of all that is *"Other"*, into SELF.

Consequently, we find revealed within this section a concise and practical form of sacred *asseverations*, reminding the practitioner of both the Basic Unity of all beings and the Divine Confluence of all things.

Note:

1. Au lieu de notre propre *Soi*, l'Âme d'un frère peut être placée dans les *formules et identifiée avec celles-ci*, dans le but altruiste d'aider ou de guérir un état particulier ou un problème de santé.

2. « Je » et « mon-*Soi* » peuvent être substitués par « Nous » et « notre-*Soi* » ; alors que « moi-même » et « moi » (« me » et « moi ») peuvent être remplacés par leurs pluriels respectifs (ou contreparties de la conscience de Groupe), c'est-à-dire « nous-mêmes » et « nous ».

3. Dans la *Progression Trois*, où le sujet traité est celui de la Guérison, le Bénéficiaire, c'est-à-dire le Nom de la personne (requérant bienfait, égard, soutien, guidance, aide ou guérison, etc.), peut être substitué au « mon-*Soi* » habituel dans le cadre des « Stations Sacrées ».

    L'Invocateur, toutefois, doit s'efforcer d'attirer, ou essayer de contacter à chaque station le Soi intrinsèque ou l'Âme du Bénéficiaire.

    La « Formule Foudroyante », que l'on retrouve à la fin de chaque « Station Sacrée », doit être récitée avec dynamisme… l'Invocateur s'identifiant pleinement avec le Bénéficiaire… comme si il (ou elle) la récitait à travers son propre *Soi*.

Note:

1. Instead of one's own *SELF*, a brother's Soul-Self may be placed within the *formulae and identified with*, for the selfless purpose of helping and/or healing a particular circumstance, or condition of health.

2. "I" and "my-*SELF*" can be substituted by "We" and "our-*SELF*"; whereas "myself" and "me" may be replaced by their respective plurals, (or Group-consciousness counterparts), that is, "ourselves" and "us".

3. In *Progression Three*, where the subject dealt with is that of HEALING, the Beneficiary, that is to say, the NAME of the Person (in need of benefit, nurturing, support, guidance, help or healing, etc.), may be utilized within the "Sacred Stations" format, instead of the usual "my-*SELF*".

    The Invoker, however, must endeavor at each station to call in, or always try to contact the Beneficiary's Inner Self, or Soul.

    The "Flaming Fiat" that is found at the end of each "Sacred Station" must be recited dynamically... with the Invoker identifying fully with the Beneficiary... as if he, (or she), was reciting it through his, (or her), *SELF*.

Progression UN

« *Sept Stations Sacrées* » du *SOI*, et
Sept « ***Formules Foudroyantes*** » de ***Déclarations*** de « Lumière »
par l'Âme sur chacun des Sept Rayons Cosmiques-Physiques

« S.S.S. » 1 à 7

« F.F. » 1 à 7

Progression ONE

« *Seven Sacred Stations* » of the *SELF*, and
Seven « *Flaming Fiats* » of "Light" *Declarations* by the Soul
upon Each of the Seven Cosmic-Physical Rays

« S.S.S. » 1 to 7

« F.F. » 1 to 7

« S.S.S. » Un

Sur le Rayon I
« Le Soi et la Lumière *libératrice* »

Je place mon *Soi*,

Dans la Lumière *libératrice* du Seigneur

Sous la Direction foudroyante

Du Doigt de Dieu.

« F.F. » 1   « Je me proclame Lumière
et je me déclare Libre ! »

« S.S.S. » ONE

Upon Ray I
"The SELF and the *Liberating* Light"

I place my-*SELF*,

In the Lord's *Liberating* Light

Under the Lightning Direction

Of the Finger of God.

« F.F. » 1   « I proclaim myself as Light and I declare myself to be Free! »

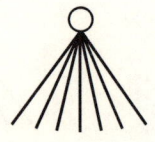

« S.S.S. » Deux
Sur le Rayon II
« Le Soi et la Lumière *salvatrice* »

Je place mon *Soi*,

Dans la Lumière *salvatrice* du Seigneur

Au sein du Jardin radieux

Du Christ cosmique.

« F.F. » 2   « Je me maintiens Lumière
et, Sauvé, je me soumets ! »

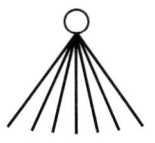

« S.S.S. » Two
Upon Ray II
"The SELF and the *Saving* Light"

I place my-*SELF*,

In the Lord's *Saving* Light

Within the Radiant Garden

Of the Cosmic Christ.

« F.F. » 2   « I maintain myself as Light and
I submit myself as Saved! »

« S.S.S. » Trois
Sur le Rayon III
« Le Soi et la Lumière *intelligente* »

Je place mon *Soi*,

Dans la Lumière *intelligente* du Seigneur

Sous l'Évolution active

De l'Esprit universel.

« F.F. » 3   « Je décrète être Lumière manifestée
et je me propose Intelligence incarnée ! »

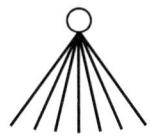

« S.S.S. » Three
Upon Ray III
"The SELF and the *Intelligent* Light"

I place my-*SELF*,

In the Lord's *Intelligent* Light

Under the Active Evolution

Of the Universal Mind.

« F.F. » 3   « I posit myself as Light manifest and I propose that I am Intelligence incarnate! »

« S.S.S. » QUATRE
Sur le Rayon IV
« Le SOI et la Lumière *mélodieuse* »

Je place mon *SOI*,

Dans la Lumière *mélodieuse* du Seigneur

Sous l'Accord symétrique

De l'Être caché.

« F.F. » 4   « J'annonce être Lumière
et je porte en mon coeur l'Harmonie de Dieu ! »

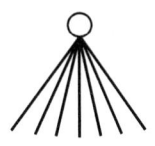

« S.S.S. » Four
Upon Ray IV
"The SELF and the *Melodious* Light"

I place my-*SELF*,

In the Lord's *Melodious* Light

Under the Symmetrical Concord

Of the Hidden One.

« F.F. » 4   « I herald myself as Light and
I hold to my heart the Harmony of God! »

« S.S.S. » Cinq
Sur le Rayon V
« Le Soi et la Lumière *révélatrice* »

Je place mon *Soi*,

Dans la Lumière *révélatrice* du Seigneur

Sous la Maîtrise érudite

Du Cinquième Gardien.

« F.F. » 5   « Je m'affirme Lumière
et je fonde ma connaissance
sur la Révélation du Seigneur ! »

« S.S.S. » Five
Upon Ray V
"The SELF and the *Revealing* Light"

I place my-*SELF*,

In the Lord's *Revealing* Light

Under the Knowledgeable Mastership

Of the Fifth Guardian.

« F.F. » 5   « I predicate myself as Light and
I base my knowledge upon the Lord's Revelation! »

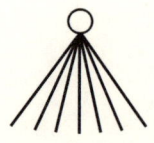

« S.S.S. » Six
Sur le Rayon VI
« Le Soi et la Lumière *visionnaire* »

Je place mon *Soi*,

Dans la Lumière *visionnaire* du Seigneur

Sous la Tutelle dévouée

De l'Être impérissable.

« F.F. » 6   « Je professe être pure Lumière
et je construis mes Assises sur ma Vision divine ! »

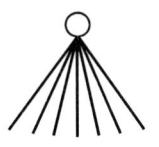

« S.S.S. » Six
Upon Ray VI
"The SELF and the *Visionary* Light"

I place my-*SELF*,

In the Lord's *Visionary* Light

Under the Devoted Tutorship

Of the Imperishable One.

« F.F. » 6 — « I profess myself to be made of Pure Light and I build my Foundation upon my Godly Vision! »

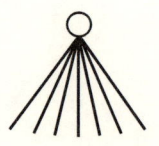

« S.S.S. » Sept

Sur le Rayon VII
« Le Soi et la Lumière *divulgatrice* »

Je place mon *Soi*,

Dans la Lumière *divulgatrice* du Seigneur

Sous le Rythme magique

De l'Alchimiste divin.

« F.F. » 7   « Je me crée *magiquement* tel une expression de Lumière divine et j'énonce le Mystère de Dieu dans le dévoilement du Seigneur de mon Soi ! »

« S.S.S. » Seven
Upon Ray VII
"The SELF and the *Unveiling* Light"

I place my-*SELF*,

In the Lord's *Unveiling* Light

Under the Magical Rhythm

Of the Alchemist Divine.

« F.F. » 7 — « I create myself *magically* as an expression of Divine Light and I enunciate the Mystery of God in the Lord's unveiling of my-Self! »

Progression DEUX

« *Sept Stations Sacrées* » du *SOI*, et
Sept « *Formules Foudroyantes* » de *Proclamations* de « Lumière »
par l'Âme sur chacun des Sept Rayons Cosmiques-Physiques

« S.S.S. » 8 à 14

« F.F. »   8 à 14

Progression Two

« *Seven Sacred Stations* » of the *SELF*, and
Seven « *Flaming Fiats* » of "Light" *Manifestos* by the Soul
Upon Each of the Seven Cosmic-Physical Rays

« S.S.S. » 8 to 14

« F.F. »   8 to 14

« S.S.S. » Huit
Sur le Rayon I
« Le Soi et la Direction *dynamique* »

Je place mon *Soi*,

Dans la Lumière puissante du Seigneur

Sous la Direction *dynamique*

Du Souffle enflammé.

« F.F. » 8   « Sache que je suis la Lumière de *Vie* même ! »

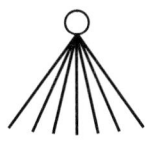

« S.S.S. » Eight

Upon Ray I
"The SELF and the *Dynamic* Direction"

I place my-*SELF*,

In the Lord's Powerful Light

Under the *Dynamic* Direction

Of the Burning Breath.

« F.F. » 8   « Know that I am the Light of *LIFE* Itself! »

« S.S.S. » Neuf
Sur le Rayon II
« Le Soi et le Jardin *compatissant* »

Je place mon *Soi,*

Dans la sage Lumière du Seigneur

Au sein du Jardin *compatissant*

Du Seigneur de l'Amour.

« F.F. » 9   « Sache que je suis la Lumière d'*Amour* même ! »

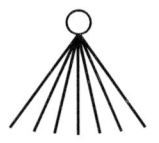

« S.S.S. » Nine

Upon Ray II
"The SELF and the *Compassionate* Garden"

I place my-*SELF*,

In the Lord's Wisdom Light

Within the *Compassionate* Garden

Of the Lord of Love.

« F.F. » 9   « Know that I am the Light of *Love* Itself! »

« S.S.S. » Dix

Sur le Rayon III
« Le Soi et l'Évolution *adaptative* »

Je place mon *Soi*,

Dans le Lacis lumineux du Seigneur

Sous l'Évolution *adaptative*

De la Mèche de Vérité.

« F.F. » 10   « Sache que je suis la Lumière de l'*Esprit* même ! »

« S.S.S. » Ten
Upon Ray III
"The SELF and the *Adaptive* Evolution"

I place my-*SELF*,

In the Lord's Network of Light

Under the *Adaptive* Evolution

Of the Wick of Truth.

« F.F. » 10   « Know that I am the Light of *MIND* Itself! »

« S.S.S. » Onze
Sur le Rayon IV
« Le Soi et l'Accord *correctif* »

Je place mon *Soi*,

Dans la mélodieuse Lumière déferlante du Seigneur

Sous l'Accord *correctif*

De la Main d'Amour.

« F.F. » 11   « Sache que je suis la Lumière du *Verbe* même ! »

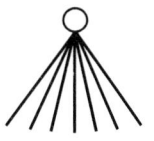

« S.S.S. » ELEVEN

Upon Ray IV
"The SELF and the *Corrective* Concord"

I place my-SELF,

In the Lord's Sweet-Sounding, Rolling Light

Under the *Corrective* Concord

Of the Hand of Love.

« F.F. » 11   « Know that I am the Light of the VERB Itself! »

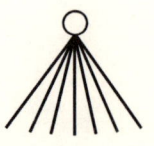

« S.S.S. » Douze
Sur le Rayon V
« Le Soi et la Maîtrise *scientifique* »

Je place mon *Soi*,

Dans la Lumière purificatrice du Seigneur

Sous la Maîtrise *scientifique*

De l'Ange à l'Épée flamboyante.

« F.F. » 12   « Sache que je suis la Lumière de Connaissance même ! »

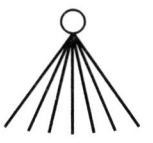

« S.S.S. » Twelve

Upon Ray V
"The SELF and the *Scientific* Mastership"

I place my-*SELF*,

In the Lord's Purifying Light

Under the *Scientific* Mastership

Of the Angel of the Flaming Sword.

« F.F. » 12   Know that I am the Light of *KNOWLEDGE* Itself! »

« S.S.S. » Treize

Sur le Rayon VI

« Le Soi et le Tutorat *sacrificiel* »

Je place mon *Soi*,

Dans la Lumière impavide du Seigneur

Sous le Tutorat *sacrificiel*

Du Seigneur de l'Équité.

« F.F. » 13   « Sache que je suis la Lumière d'*Idéalisme* même ! »

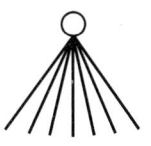

« S.S.S. » Thirteen

Upon Ray VI
"The SELF and the *Sacrificial* Tutorship"

I place my-*SELF*,

In the Lord's Fearless Light

Under the *Sacrificial* Tutorship

Of the Lord of Right.

« F.F. » 13   « Know that I am the D. Light of *IDEALISM* Itself! »

*D.: Devotional

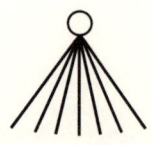

« S.S.S. » Quatorze
Sur le Rayon VII
« Le Soi et le Rythme *créateur* »

Je place mon *Soi*,

Dans la Lumière synthétisante du Seigneur

Sous le Rythme *créateur*

Du Bâtisseur du Carré.

« F.F. » 14   « Sache que je suis la Lumière *(de la Magie)* de *Création* même ! »

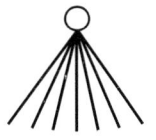

« S.S.S. » Fourteen
Upon Ray VII
"The SELF and the *Creative* Rhythm"

I place my-*SELF*,

In the Lord's Synthesizing Light

Under the *Creative* Rhythm

Of the Square Builder.

« F.F. » 14   « Know that I am the Light *(of the Magic)* of CREATION Itself! »

Progression TROIS

« *Sept Stations Sacrées* » du *SOI*, et
Sept « *Formules Foudroyantes* » de *Guérisons* de « Lumière »
par l'Âme sur chacun des Sept Rayons Cosmiques-Physiques

« S.S.S. » 15 à 21

« F.F. »   15 à 21

Progression THREE

« *Seven Sacred Stations* » of the *SELF*, and
Seven « *Flaming Fiats* » of "Light" *Healings* by the Soul
Upon Each of the Seven Cosmic-Physical Rays

« S.S.S. » 15 to 21

« F.F. »   15 to 21

« S.S.S. » Quinze

Sur le Rayon I
« Le Soi et le *Très-Haut* »

Je place mon *Soi,*

Dans la Claire Lumière du Seigneur

Sous la Direction détachée

Du *Très-Haut.*

« F.F. » 15   « Je Suis la Lumière que je Suis
et, parce que *je Suis Cela,* — je suis *guéri !* »

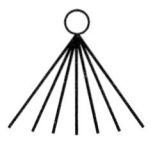

« S.S.S. » Fifteen

Upon Ray I
"The SELF and the *Most High One*"

I place my-*SELF*,

In the Lord's Clear Light

Under the Detached Direction

Of the *Most High One*.

« F.F. » 15   « I Am That I Am the Light and because *I Am That* — I am *healed!* »

« S.S.S. » Seize

Sur le Rayon II
« Le Soi et le *Maître d'Oeuvre* »

Je place mon *Soi*,

Dans la Lumière revivifiante du Seigneur

Au sein du Jardin expansif

Du *Maître d'Oeuvre*.

« F.F. » 16   « Je suis la Lumière du Christ qui m'habite
et, de son Oeil omnivoyant, je me conçois — *guéri !* »

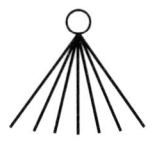

« S.S.S. » Sixteen

Upon Ray II
"The SELF and the *Master Builder*"

I place my-*SELF*,

In the Lord's Renewing Light

In the Expansive Garden

Of the *Master Builder*.

« F.F. » 16 — « I Am the Light of the Christ which Is in me and with His All-Seeing Eye, I envision myself — as *healed!* »

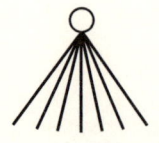

« S.S.S. » Dix-sept

Sur le Rayon III

« Le Soi et l'*Illuminateur du Lotus* »

Je place mon *Soi*,

Dans la Lumière investigatrice du Seigneur

Sous l'Évolution manifeste

De l'*Illuminateur du Lotus*.

« F.F. » 17   « Je suis la Raison éclairée de l'Activité Même, et comme je suis maintenant Un, en Esprit et en matière — je suis *guéri !* »

« S.S.S. » Seventeen
Upon Ray III
"The SELF and the *Lotus Illuminator*"

I place my-*SELF*,

In the Lord's Investigative Light

Under the Manifesting Evolution

Of the *Lotus Illuminator*.

« F.F. » 17   « I Am the Lighted Purpose of Activity Itself and as I am herenow ONE, in Spirit and matter — I am *healed!* »

« S.S.S. » Dix-huit

Sur le Rayon IV
« Le Soi et la *Trompette du Seigneur* »

Je place mon *Soi*,

Dans la Lumière paisible du Seigneur

Sous l'Accord arjunien

De la *Trompette du Seigneur*.

« F.F. » 18

« Je suis *deux Lumières fusionnées en une* au sein de l'Être caché et, en grandissant, *je luis dans la Pénombre* et j'émerge du Cocon — tel un Guerrier *guéri !* »

« S.S.S. » Eighteen
Upon Ray IV
"The SELF and the *Lord's Trumpet*"

I place my-*SELF,*

In the Lord's Peaceful Light

Under the Arjuna Concord

Of the *Lord's Trumpet.*

« F.F. » 18

« I Am *two Lights merged as one* within the Hidden One and as I grow, *I glow in the Dark,* and emerge from the Cocoon — a Warrior *healed!* »

« S.S.S. » DIX-NEUF
Sur le Rayon V
« Le SOI et le *Gardien du Secret* »

Je place mon *SOI*,

Dans la Lumière silencieuse du Seigneur

Sous la Maîtrise concrète

Du *Gardien du Secret*.

« F.F. » 19

« Je suis la Lumière de l'Initiation,
flamboyant dans la pleine Lumière du jour,
et, en tant qu'Esprit unique synthétisant scientifiquement
les *trois esprits inférieurs*, je me sais Entier — et je suis *guéri !* »

« S.S.S. » Nineteen

Upon Ray V
"The SELF and the *Secret Keeper*"

I place my-*SELF*,

In the Lord's Silent Light

Under the Concrete Mastership

Of the *Secret Keeper*.

« F.F. » 19 — « I Am the Light of Initiation blazing in the full Light of Day and as the One Mind scientifically synthesizing *the minor three*, I know myself as Whole — and am *healed!* »

« S.S.S. » Vingt
Sur le Rayon VI
« Le Soi et le *Seigneur crucifié* »

Je place mon *Soi*,

Dans la Lumière sereine du Seigneur

Sous le Tutorat désintéressé

Du *Seigneur crucifié*.

« **F.F.** » 20 — « Je suis la Lumière du Désir au sommet du mont de l'Aspiration et, des divines hauteurs de ma bien-aimée Lumière des Lumières, j'ai la claire vision *que* — je suis *guéri !* »

« S.S.S. » Twenty
Upon Ray VI
"The SELF and the *Crucified Lord*"

I place my-*SELF*,

In the Lord's Serene Light

Under the Desireless Tutorship

Of the *Crucified Lord*.

« F.F. » 20   « I am the Light of Desire upon the Mountaintop of Aspiration and from the Divine Heights of my beloved Light of Lights, I behold the Clear Vision *that* — I am *healed!* »

« S.S.S. » Vingt-et-un
Sur le Rayon VII
« Le Soi et l'*Expression de la Volonté de Dieu* »

Je place mon *Soi*,

Dans la Lumière vivifiante du Seigneur

Sous le Rythme unitif

De l'*Expression de la Volonté de Dieu*.

« F.F. » 21

« L'humble lumière de mon soi rencontre
la Noble Lumière de mon Soi
et, en ce point de *Convergence implosive*,
mon Éclat régénère la terre — et je suis *guéri !* »

« S.S.S. » Twenty-one

Upon Ray VII
"The SELF and the *Expression of God's Will*"

I place my-*SELF*,

In the Lord's Vivifying Light

Under the Unitive Rhythm

Of the *Expression of God's Will*.

« F.F. » 21   « The lowly light of myself meets the High Light of my-Self and at that Point of *Implosive Convergence* my Shining regenerates the earth — and I am *healed!* »

Trois Progressions de « **Bénédictions de Lumière** » *pour l'Enfant*
sur chacun des Sept Rayons Cosmiques-Physiques

... auxquelles se joignent

« *Né en Vous* » et le codicille « *Cet enfant affligé* »

Three Progressions of "**Light Blessings**" *for the* **Child**
Upon Each of the Seven Cosmic-Physical Rays

... with the addition of

"Born Within Thee" and *"This Suffering Child"* Codicil

Progression I
« *En lui brûle intensément la Lumière* »

Bénissez l'enfant, car en lui brûle *intensément* la Lumière de Vie première.

Bénissez l'enfant, car en lui brûle *intensément* la Lumière d'Âme immortelle.

Bénissez l'enfant, car en lui brûle *intensément* la Lumière d'Esprit originel.

Bénissez l'enfant, car en lui brûle *intensément* la Lumière de Relations ouvertes.

Bénissez l'enfant, car en lui brûle *intensément* la Lumière d'Observation fraîche.

Bénissez l'enfant, car en lui brûle *intensément* la Lumière d'Idéalisme élevé.

Bénissez l'enfant, car en lui brûle *intensément* la Lumière de Magie pure.

Progression I
"In Him Burns Bright the Light"

Bless Thou the child, for in him burns *bright*, the Light of ***First Life***.

Bless Thou the child, for in him burns *bright*, the Light of ***Immortal Soul***.

Bless Thou the child, for in him burns *bright*, the Light of ***Original Mind***.

Bless Thou the child, for in him burns *bright*, the Light of ***Open Relations***.

Bless Thou the child, for in him burns *bright*, the Light of ***Fresh Observation***.

Bless Thou the child, for in him burns *bright*, the Light of ***High Idealism***.

Bless Thou the child, for in him burns *bright*, the Light of ***Pure Magic***.

Progression II
« *En lui est née délicatement la Lumière* »

Bénissez l'enfant, car en lui est née *délicatement* la Lumière de PUISSANCE INOFFENSIVE.

Bénissez l'enfant, car en lui est née *délicatement* la Lumière de COMPASSION NATURELLE.

Bénissez l'enfant, car en lui est née *délicatement* la Lumière d'INTELLIGENCE ADAPTATIVE.

Bénissez l'enfant, car en lui est née *délicatement* la Lumière d'EFFORT PROMETTEUR.

Bénissez l'enfant, car en lui est née *délicatement* la Lumière de RECHERCHE CONTINUELLE.

Bénissez l'enfant, car en lui est née *délicatement* la Lumière de DÉVOTION FIDÈLE.

Bénissez l'enfant, car en lui est née *délicatement* la Lumière de PENSÉE CRÉATRICE.

Progression II
"In Him Is Borne Lightly the Light"

Bless Thou the child, for in him is borne *lightly*, the Light of **HARMLESS MIGHT**.

Bless Thou the child, for in him is borne *lightly*, the Light of **NATURAL COMPASSION**.

Bless Thou the child, for in him is borne *lightly*, the Light of **ADAPTIVE INTELLIGENCE**.

Bless Thou the child, for in him is borne *lightly*, the Light of **HOPEFUL STRUGGLE**.

Bless Thou the child, for in him is borne *lightly*, the Light of **ONGOING INVESTIGATION**.

Bless Thou the child, for in him is borne *lightly*, the Light of **FAITHFUL DEVOTION**.

Bless Thou the child, for in him is borne *lightly*, the Light of **CREATIVE THOUGHT**.

Progression III
« Assurément, né de la Lumière il fut »

Bénissez l'enfant, car il est *assurément* né de la Lumière de *Votre Volonté intentionnelle*.

Bénissez l'enfant, car il est *assurément* né de la Lumière de *Votre Amour avisé*.

Bénissez l'enfant, car il est *assurément* né de la Lumière de *Votre Activité déterminée*.

Bénissez l'enfant, car il est *assurément* né de la Lumière de *Votre Chant inspiré*.

Bénissez l'enfant, car il est *assurément* né de la Lumière de *Votre Érudition scientifique*.

Bénissez l'enfant, car il est *assurément* né de la Lumière de *Votre Vision providentielle*.

Bénissez l'enfant, car il est *assurément* né de la Lumière de *Votre Connaissance cristallisée*.

Progression III
"Indeed, He was Born Out of the Light"

Bless Thou the child, for *in-deed*, he was born out of the Light of **THY INTENDED WILL**.

Bless Thou the child, for *in-deed*, he was born out of the Light of **THY WISENED LOVE**.

Bless Thou the child, for *in-deed*, he was born out of the Light of **THY PURPOSEFUL ACTIVITY**.

Bless Thou the child, for *in-deed*, he was born out of the Light of **THY INSPIRED SONG**.

Bless Thou the child, for *in-deed*, he was born out of the Light of **THY SCIENTIFIC KNOWLEDGE**.

Bless Thou the child, for *in-deed*, he was born out of the Light of **THY PROVIDENTIAL VISION**.

Bless Thou the child, for *in-deed*, he was born out of the Light of **THY CRYSTALLIZED COGNITION**.

Né en Vous
Pour devenir à travers Vous

(Seigneur,) bénissez l'Enfant, car il est né *en Vous*, pour devenir *à travers Vous* :
>le Sauveur planétaire,
>le Serviteur planétaire,
>l'Initié (du Cinquième Règne),
>le Christ cosmique personnalisé,
>l'Affranchi,
>le Disciple triomphant et
>l'Adepte Adi.

« Cet enfant affligé »
Codicille

(Seigneur,) bénissez *cet* enfant affligé issu de Votre Être...   (indiquer le nom de l'*enfant*) ...
Et par la Grâce de Votre Être magnanime, de Votre Cœur compatissant et du Baraka de Votre Paume,
Puisse-t-il...   (répéter le nom de l'*enfant*)   ... être placé sous Votre Égide, profondément Guéri et façonné de nouveau Entier,
(en parfait accord avec le Cercle infranchissable de son présent karma et de sa destinée future).

Qu'il en soit ainsi !

Born Within Thee
To Become Through Thee

(Lord), bless Thou the Child, for he was born *within Thee* to become *through Thee*:
> the World Savior,
> the World Server,
> the Initiate (of the Fifth Kingdom),
> the Individualized Cosmic Christ,
> the Liberated One,
> the Triumphant Disciple, and
> the Adi Adept.

"This Suffering Child"
Codicil

(Lord), bless Thou *this* suffering child come from Thee...   (state the *Child's* given Name)   ...
And by the Grace of Thy Great Being and Thy Compassionate Heart and Thy Palm of Baraka, May he...   (repeat the *Child's* Name)   ... be tended to by Thee, and deeply Healed and made Whole again,
(in just accord with the Ring-pass-not of his present karma and future destiny).

So may it be!

« Différentes voies, une même planète, nous sommes tous des pèlerins. »

Faire la rencontre d'un Instructeur authentique au cours d'une vie est une rare bénédiction.

Conférencier émérite depuis trente ans, E.K. apporte un souffle de fraîcheur, de simplicité et d'énergie - et souvent d'humour - à une approche que nombre d'entre nous entreprenons avec grand sérieux… la spiritualité authentique.

Son approche synthétique, intégrante et universelle de l'ésotérisme démantèle toutes barrières possibles entre races, religions et nations. E.K. dit : « Son Nom est en effet innombrable, à tel point qu'une multitude et une multiplicité de formes, de religions et de messies ne peuvent suffire à contenir la Grandeur de Son Unicité. »

Sa vision englobante est celle d'une seule humanité s'épanouissant spirituellement en cette ère du Verseau éveillée, en parfaite harmonie avec le plan et le but occultes de la Hiérarchie de notre système solaire, appelée la « Grande Fraternité Blanche ».

E.K. sert ces Grands Êtres en offrant à l'homme un « Enseignement - Sagesse » éclairé et de compassion, ancestralement enraciné mais manifestement moderne, sous forme d'un occultisme et d'une philosophie pratiques.

« Devenons Réels, et laissons aux autres notre héritage de Lumière. »

E.K.

Quebec, Canada
2002